푸른 고서를 읽다

박미소 시조집 ● 朴渼召 時調集
Park Meeso's Collection of Sijo

| 인지 |
| 생략 |

들꽃세상시집 011
푸른 고서를 읽다

지은이/朴漢召
펴낸이/한아름
초판인쇄/2020년 12월 10일
초판펴냄/2020년 12월 15일
펴낸곳/도서출판 들꽃세상
주소/04623 서울 중구 서애로 27 서울캐피탈빌딩 B202호
전화/(02)2273-1506
팩스/(02)2268-7067
출판등록/제2019-000043호
E-mail:dlkotsesang@hanmail.net

값 9,000원

*파본된 책은 바꾸어 드립니다.
*이 도서의 국립중앙도서관 출판예정도서목록(CIP)은 서지정보유통지원시스템 홈페이지(http://seoji.nl.go.kr)와 국가자료종합목록 구축시스템(http://kolis-net.nl.go.kr)에서 이용하실 수 있습니다. (CIP제어번호 : CIP2020051390)

ISBN 979-11-967187-2-5 03810

■ 이 시집은 한국문화예술위원회 2019년 아르코창작기금 지원으로
  발간되었습니다.

박미소ⓒ2020

푸른 고서를 읽다

박미소 시조집 ● 朴渼召 時調集
Park Meeso's Collection of Sijo

들꽃세상

| 자서 |

활짝 핀
꽃 앞에서 지는 꽃
비의悲意를 본다.

나는, 살아야겠다.

2020년 가을
朴渼召

| 차례 |

자서 _5

01 구운몽의 남쪽

신만전춘별사新滿殿春別詞 -남해에서 해를 품다 _12
신만전춘별사新滿殿春別詞 -남해에서 달을 품다 _13
지족 바다 _14
보리암 詩篇 _15
동백 초옥 _16
서포의 달을 만나다 _17
'남해' 라는 남자 _18
창선도 왕후박나무 _19
노도 _20
남해, 2박의 첫날 _21
구운몽의 남쪽 _22

02 망초꽃 사설辭說

크로키 - 섬으로 퇴근하는 여자 _24
아름다운 춘몽春夢 _25
배꽃 앞에서 _26
중년中年 _27
먼, 길 _28
망초꽃 사설辭說 _29
상사화 연서戀書 _30
염천炎天 _31
푸른, 고서古書를 읽다 _32
적상산 단풍 _33
두 편 가을 _34

03 엄마의 봄

입춘과 우수 사이 _38
이팝꽃 일기 _39
엄마의 봄 _40
감포에서 바라본 달 _41
공릉동 라일락 _42
엉겅퀴 詩人을 만나다 - 다랑쉬오름에서 _43
금오산 화첩畵帖 _44
박꽃 _45
달항아리 _46
만추 산행 _47
수묵을 담채하다 _48

04 옥산 수선화

동해 일출 _50
아포읍에서 서성이다 _51
풍경風磬 _52
회상나루 풀꽃 _53
노랑꽃창포 _54
꽃양귀비 _55
옥산 수선화 _56
비익조 _57
경주 낭산 마애삼존불 _58
가을 첨성대 _59
겨울, 반야사에서 _60

05 봉선화 소금

봄빛 수사학修辭學 _62

소망요양원 _63

찔레꽃 25시 _64

여름 무창포 _65

가시연꽃 _66

꽃지 노을 _67

가을 엽서 _68

당단풍 에스프레소 _69

팔공산 남천 _70

봉곡동 억새 _71

티눈 - 맨발을 읽다 _72

봉선화소금 _73

■ 작품해설 | 최정란 · 적막도 찬란한 적소의 시간들 _76

01

구운몽의 남쪽

신만전춘별사新滿殿春別詞
- 남해에서 해를 품다

만 마리 물고기의 반짝이는 비늘 같은
동백나무 햇살로 그대를 떠올립니다
밀물과 썰물의 시간이 사무치는 4월에

너럭바위 깔고 누운 오래된 기억인 듯
고래의 형상으로 섬은 자꾸 깊어져
거뭇한 유배의 역사 말갛게 닦아내고

앵강만 해 그림자 둥실둥실 감아올린
팽나무 가지마다 떠 있는 봄의 한낮
눈감고 헤아립니다, 앙가슴 만집니다

적막이 집을 지은 그대 머문 자리에서
필사본 꿈의 행적 피워낸 풀꽃처럼
해배된 바람소리를 바다 위에 펼치며

신만전춘별사 新滿殿春別詞
- 남해에서 달을 품다

발 디딘 이 세상이 가끔은 적소 같아
벼랑에 자란 나무 은은히 매만져서
복사뼈 선명하도록 보름달로 띄웠나요

내 몸이 일렁이는 그 이유 찾기 위해
온종일 떠돌다가 돌아와 눈 감아도
귀울음 자꾸 우묵해 다시 불면입니다

동백나무 잎사귀 갉아먹는 어둠 꺾어
그대 없는 빈자리 한없이 비질하며
오래된 저 그리움들 파도로 버무리고

되작인 긴긴 밤이 돌려 눕힌 바다처럼
어둠을 가라앉혀 고요에 달빛 얹어
흘러온 바래길 새벽 혼자 또 읽습니다

지족 바다

　경사진 밤 건너온 여자들의 생을 안고 만 마리 물고기가 반짝이며 솟구치듯

　달빛에 온몸이 감겨 까무러치는 파도여

보리암 詩篇

그대 바라는 마음, 또 다른 보폭이지만
해배된 길을 안고 두 눈 뜬 산정에서
가슴에 고여 있었던
응어리를 토해낸다

흘러온 시간들이 허공 속을 물고 있는
한 번도 품지 못한 만경창파 애저녁에
깨춤 춘 나의 모습들
급히 접어 숨기고

살아가는 이유를 그대에게 말하고 싶어
간절한 몸짓으로 노을 끝을 움켜잡아
내 안에 숨어서 사는
새를 날려 보낸다

동백 초옥*

흘러온
뭉게구름 홑이불로 덮어쓴 채

떨어진 꽃잎들이 풋잠 속에 들었다

파도가
밀어올린 바다

우듬지에
내걸고

*김만중의 유허지 노도에 있는 집.

서포의 달을 만나다

발 디딘 곳곳마다
적소 아닌 곳 있었던가?

피었다 지는 꽃들 다 그만한 이유 있어
혼자서 바라보는 바다 아련하고 느껍다

먼 길을 휘어감아 섬 안에서 바라본 섬
끝없이 자박이다 부서지는 파도 소리에
안고 온 세상의 욕망
벼랑 끝에 세우고

밤이 깊어갈수록 숨소리 더 크게 들려
구름 속으로 사라진 한 사람 떠올리며

없는 듯, 방파제에 앉아
묵시록을 읽는다

'남해'라는 남자

바래길 그러안고 생을 여민 풀꽃처럼

해조음 깔고 앉아 은은해진 풍경으로

빛나는 만경창파에 푸른 시를 적는다

수평선 안 보여도 언제나 수평이었던

지족에서 붉어진 애저녁 슬며시 당겨

오늘도 고요 속으로 무르팍을 감추는

창선도 왕후박나무

그리운 아버지가 멀리서도 반짝거린다

가랑비 내리는 날 달려온 딸을 위해

가지를 푸르게 펼쳐 안개를 걷어내고

자주 오지 못하는 자식들을 생각하며

날마다 뜬눈으로 수채화를 그렸을까

우묵한 불면 하나가 고래로 출렁인다

분경으로 떠도는 내 유년의 프롤로그

드래그 하지 못한 물비늘 꿈이지만

밀려온 파도를 안고 아버지가 웃는다

노도

앵강만 물그림자 둥글게 감아올린

섬 속의 노거수는 적막도 찬란하다

그 옛날 노자묵고할배*가

베고 잠든 꿈처럼

*김만중의 별명.

남해, 2박의 첫날

온몸 모아 쥐고 한 여자가 서성거린다

파도치는 바다를 어떻게 하지 못해

해안선 따라간 여름 곁눈질로 훔친다

떨리는 손끝에서 풀꽃들이 피어오르고

섬으로 떠난 마음 막배를 타고 오면

여자는 나무 아래서 혼자 끼룩거린다

구운몽의 남쪽

눈 뜨면 안 보이고 눈 감으면
드러나는

다랭이마을 펜션에서 구운몽의 여자들을 읽습니다 창밖에는 여우비가 내리고 나는 문득 천년 묵은 한 마리 여우가 되어 동백꽃처럼 혼자 몰래 붉어졌습니다 몸속 깊이 숨겨놓은 긴 꼬리가 간지러움을 견디지 못해 다랭이마을 지겟길을 아무도 몰래 친친 휘감았습니다

바다가, 구운몽의 저녁을
파도 위에 펼칠 때

02

망초꽃 사설辭說

크로키
- 섬으로 퇴근하는 여자

탈색된 꿈 하나를 가볍게 벗어버리고
거울 속에 숨겨둔 얼굴을 살펴본다
골목이 돌아누워서 웅성대는 늦은 밤

하늘의 북극성은 저토록 반짝이지만
긴 꼬리 뒤집어쓴 구미호 형상처럼
도시는 어둠에 잠겨 유배지로 변하고

벼랑 끝 애무하듯 듬성듬성 걸어가는
가로등 저 불빛은 누구의 사랑인가
한 줄기 날선 바람이 목덜미를 훑는다

지하도 빠져나와 횡단보도 급히 건너
잊고 산 사람들을 달처럼 떠올리며
아파트 현관문 열고 그러안는 섬이여

아름다운 춘몽春夢

찬바람 누그러진 한티재 넘어갈 때

황조롱이 모습으로 내려앉은 구름 안고

천천히 굽잇길을 돌아서

몸 온도를 높인 봄

배꽃 앞에서

겨우내 곱씹어서 내뱉은 말 속살처럼

눈시울을 매만져 멍울진 몸 다독거려

불면이 남긴 시간들 지문으로 닦는다

그 얼마나 사무쳐야 저렇게 반짝일까

여린 꽃잎 바라보며 상처를 씻어내고

벌들이 붕붕되는 봄, 그대를 생각한다

중년中年

끝물에
피는 꽃이
너무도 서러워서

꾹 참고 웃었지만
주르르
눈물이 나

황사가
날린다는 핑계로

서둘러
귀가한다

먼, 길

유월 땡볕 허공은 그래도 견딜만하지
가뭄에 시달리는 내 몸 흔들어 깨워
털끝도 드러내지 않는
한 남자 끄집어낸다

뒤척였던 그 밤을 줄여서 말을 하면
한 여자 긴 외로움 불 밝힌 귀신처럼
혼자서 구구절절 외운
한 편 꿈이었으니

울창한 저 숲 속엔 한 남자 살고 있지
함부로 발설하면 절대로 만날 수 없어
오늘 또 두 눈을 감고
밤꽃 향에 취한다

망초꽃 사설辭說

장맛비 지나가고 하늘에 별이 빛나면
울 엄마의 서러움 서성거린 강둑에서
남몰래 찢고 찢은 슬픔
물소리로 지우고

오늘은 보름달이 어둠 밝게 비추지만
아무리 애를 쓰도 못 건널 세상 있어
하얗게 쪼그려 앉아
울먹이는 그림자

다 식은 그리움이 내다버린 마음처럼
버리고 싶은 기억 한 잎씩 다 뜯어내
점자로 떠오른 엄마,
그러안은 8월에

상사화 연서戀書

우묵한 몸의 허공 물소리로 모두 닦아

오늘은 사랑한다 그 말 하고 싶습니다

그대가 불러주었던 무반주의 노래처럼

음표만 남았지만 지울 수가 없는 그대

여름이 다 가기 전에 이생을 새김질해

다시 또 그립다는 말 전하고 싶습니다

염천炎天

숨이 턱턱 막히는 아수라 세상을 건너

갸웃한 나의 모습 무인도로 띄워놓고

파도로 파도를 지우며 바라보는 먼 길

푸른, 고서古書를 읽다

소나무 그리움은 기린처럼 목이 길다
쓰린 몸 향기롭게 그늘도 감아올려
하늘에 얼굴을 묻고 늦가을 헤아린다

화첩의 여백으로 허공 깊이 살피면서
삼릉*에 엎혀사는 풀잎들 가슴 속에
바스락, 속지인 듯이 흰 구름 들앉히고

더러는 메마른 몸 바람에게 내어준 뒤
조릿대 쑥부쟁이 그 앞섶 쓰다듬어
잘 익은 풍경 하나를 남산에다 잇댄다

한 세월 갈고닦은 갑골문의 필법같이
어디선가 날아온 한 마리 딱따구리
오늘도 화엄의 세상 푸르게 음각하는

*경주에 있는 신라시대 아달라왕, 신덕왕, 경명왕의 무덤.

적상산 단풍

멋대로
나뒹구는 차가운 바람이지만
이파리에 매달려 바글거리는 햇살들

어쩌면 느낌표가 되고픈
내 모습이 아닐까

옷깃을 여미어도 몸속 깊이
파고드는
잘 익은 마음들이 호숫가에 내려앉아

안단테, 안단테 칸타빌레
붉은 편지를 쓴다

두 편 가을

1. 뮤즈처럼

끝물에 피는 꽃을 감감히 바라보며

내 마음 움켜잡아 시간을 역류시켜

눈부신 햇살의 길 위에

나는 또 나를 숨겨

2. 뮤즈에게

새가 될 그때까지 이승을 그러안고

묻어둔 하늘 펼쳐 너에게 날아간다

오래된 악몽도 다스려

나도 날 보고 싶어

03

엄마의 봄

입춘과 우수 사이

한겨울 눈바람도
긴 꿈결로 덮었는데
냉기가 아직 남아 가슴으로 파고드네

희끗한 잔설의 불면들
물소리에 눈뜰 때

강둑 버들강아지 하늘대는
길 밖에서
두 무릎 감싸 안은 외로운 저 사람들

어둠이 씌운 굴레를
하나 둘 걷어내네

이팝꽃 일기

몸 가려운 5월엔
물고기 비늘을 달고

새 이불 홑청 같은
하늘에 잠기고 싶다

늦봄이 가물거려도
반짝이는 꿈처럼

엄마의 봄

한 줌의 초록으로 바람 다 잠재우고

은은한 풀꽃으로 나앉은 오후 2시

폭넓은 스란치마로 햇살을 받아낸다

두런대던 산골짝에 만등을 내걸듯이

흐르는 물소리가 모서리 깎는 하루

수채화 물감을 놓아 다시 엄마가 된

감포에서 바라본 달

부서진 하얀 파도 솔숲이 될 때까지

푸른 적막 복사뼈 바다가 될 때까지

이 세상 검은 입속을

가만히 들여다본다

어둠을 털어내고 떠오른 심장이므로

가슴이 가볍도록 드러낸 마음이므로

한밤중 달무리 속에

내 모습이 보인다

공릉동 라일락

남자들이 갉아먹은
시간 속에 오래 갇혀

울다 지친 여자가
혼자 저리 깊어져서

오소소, 돋아난 소름
닦아낸다, 하얗게

엉겅퀴 詩人을 만나다
- 다랑쉬오름에서

바람의 시편들이 밤새워 솟구쳐 올린

불면 깊은 구렁을 온몸으로 부둥켜안고

날마다 씹고 곱씹었을까,

슬픔들이 빛난다

금오산 화첩畵帖

서러운

이명의 몸

골짜기에 놓아둔 채

밤이 곰삭을 때까지

그리움 궁굴렸나?

호수에

빠져버린 보름달

풀꽃처럼

정겹다

박꽃

주름진 세월만큼 밤은 첩첩 쌓이고

적막강산 이승을 날마다 삼킨 어머니

사는 게 아득한 꿈이라

몰래몰래 핀다

달항아리

은은한
저 달 속엔 여자가 살고 있다

밤이 되면 그녀는 한 남자를 기다린다

그렇게,
세월이 흐르고 흘러

그림자가
없다

만추 산행

 허공을 입에 물고 반짝이며 날아와서 화강암의 표지석 핥고 있는 햇살처럼 오늘은 한 문장으로 하늘을 바라본다

 바위에 등 기대어 내 발목 읽는 동안 수척했던 하루가 단풍 속에 뛰어들어 한동안 머뭇거리다 바람에 두 눈이 멀고

 비문 같은 삶이라 할 말이 너무 많아 희미해진 기억들 한 편 한 편 떠올려 서러운 개옻나무 잎 바스락 핥아먹고

 투명한 풍경들이 하산한 산정에 올라 거친 억새 뒷모습 서쪽에다 내걸어 저녁이 붉어지도록 나는 나를 애무한다

수묵을 담채하다

금강산 한 풍경을 복사해서 옮겨왔나
너럭바위 가슴팍에 새겨진 빗살무늬
눈감고 헤아리면서 내 모습 더듬는다

그 누굴 기다리다 뿌리내린 사랑인가
동심원 물결 위에 흰 구름 띄워놓고
오래된 그리움들이 그림자 닦는 가을

비탈을 움켜잡아 거친 세월 다스리던
소나무 가지들이 병풍 펼친 초저녁에
바람은 소리도 없이 산으로 올라가고

보름달 떠오르면 무엇 먼저 밝아질까
물속 깊이 잠겨있는 과거를 생각하며
섬처럼 밀려온 어둠 하얗게 채색한다

04

옥산 수선화

동해 일출

여자의
그리움은 부서지는 파도지만

몸속에 잠겨있던 불면을 다 지우고

붉은 꿈
솟구쳐 올려

한 여자가
웃는다

아포읍에서 서성이다

길섶에
차를 세워 가만히 눈을 감고
희뿌연 마음으로 당신을 생각할 때

보리순 춤사위를 닮은
슬픈 내가 보였다

풀숲으로 날아가서 풀어낸
응어리들
새띠기 잎사귀에 햇살로 빛났지만

한 번도 꽃이 되지 못한
내가 너무 슬펐다

풍경風磬

이 세상 외곽에서 오랫동안 맴돌다가

감나무 마른 가지 그 속을 보았는지

길이고, 길 아닌 곳에도

나긋하게 오는 비여

살면서 까마득하게 자꾸 또 잊었지만

걸림 없는 무애자 가섭*의 음성 같은

읽어도 다시 읽고 싶은

푸른 봄 빗소리여

*석가모니 10대 제자의 한 사람.

회상나루 풀꽃

물살을 어루만져 어둠을 풀어헤쳐

하얗게 새긴 언약 황포 돛에 띄워놓고

칠백 리 음절音節을 휘감아

한 없이 너울거리는

노랑꽃창포

날아온
새 한 마리 가슴에 감춰놓고

먼 하늘 바라보며 웃고 있는 데메테르*

말갛게 어둠을 헹궈

하르르르
웃는다

*그리스 신화에 나오는 대지의 여신.

꽃양귀비

지난 날의 악몽을 밤새도록 문질렀나?

손톱으로 긁어서 딱지 앉은 상처처럼

물집이 돼버린 약속 방울방울 터지고

슬픔과 슬픔 사이 흐르는 바람소리에

살아야 할 이유를 다시금 증명하듯이

흰 구름 부둥켜안고 황홀해진 여자여

옥산* 수선화

물처럼 구름처럼 한 세상 펼쳐놓고
바위 곁에 앉아서 웃고 있는 나르시스**

거뭇한 이승의 시간에
느낌표를 찍는다

몸 저린 일렁임도 햇살로 헤아리며
오필리아*** 영혼으로 그리움 헤아렸나

멀리서 불어온 바람도
꽃 선율로 흐른다

*마을 이름.
**그리스 신화에 나오는 미소년 나르키소스.
***셰익스피어의 희곡 '햄릿'에 나오는 햄릿의 연인.

비익조

멍이 든 가슴팍에 빗금만 남았지만

갈댓잎 쓰다듬는 초가을 바람을 안고

나는 또 나를 되삼켜

그대 찾아 헤맨다

경주 남산 마애삼존불

댓잎 속살 향기를 입 안 가득 머금고
말의 흔적 더듬는다, 내 몸을 뒤적거려
돌 속에 새겨놓은 달빛
그 언약 떠올리며

목울대 휘감아서 숨이 턱턱 막혔던
만 개의 물음표가 토해낸 구름 안고
전율이 전율을 삼킨다,
햇살 좋은 가을에

허공을 쓸어내린 대나무의 문장처럼
그 누구의 웃음이 저토록 부드러울까
우우우, 날아온 참새 떼
구절초가 되었다

가을 첨성대

또 다른 내 모습이 내 안에 존재하듯
낮에는 길쭉하게 밤이면 짤막하게
빛 따라 형체를 바꿔 공간을 넓혀간다

눈에 보이는 것만 전부가 아니라 해도
헛것만 쪼아 먹는 그림자 생을 지워
떠도는 바람소리를 읽고 쓰고 저장하고

계절이 바뀔 때면 고요하게 돌아앉아
달 없는 그믐에도 뭇별을 헤아려서
온몸에 심지를 박아 사랑을 떠올린다

스산하게 저무는 세상 끝 바라보다가
몸이 아득한 만큼 깊어진 눈빛으로
먹먹한 한 자락 꿈을 이마에다 내거는

겨울, 반야사에서

한 줌 바람 풍경이 들판을 지날 때는
울음 너무 무성해 내 모습 애달팠나
짙푸른 소나무 가지가
땅으로 휘굽었다

부어오른 목젖처럼 가라앉은 일몰처럼
날개가 없는 허공 남으로 날아가고
한 번도 붙잡지 못한
당신이 어른댄다

허기진 그림자가 촉수 세운 세상에서
말라버린 그리움 고요히 잠이 들면
떠오른 둥근 달빛으로
왔던 길 되짚는다

05

봉선화 소금

봄빛 수사학修辭學

가녀린 꽃이파리 핥고 있는 햇살처럼

주말 오후 2시에 둘레길을 돌고 돌아

오로지 나를 위해서 찰랑이는 금오지

소망요양원

새 울음을 듣다가
엉켜버린 봄이지만

어느 날 희미해진
기억들이 떠올랐나?

강마른 시간을 안고
낮달이 된 꽃이여

찔레꽃 25시

선바위 물소리가 빗장 푼 나절가웃

비켜 앉아 각인된 어둠 다 문질러서

돋아난 내 그림자가

별이 되어 빛난다

악몽을 궁굴리며 비탈길 걸어와서

굽은 등 펼 때마다 빛나는 달빛으로

몸속에 오래 고여 있던

혼잣말을 토해낸다

여름 무창포

방파제 끝자락을 애무하는 파도처럼 보듬어 안지 못한 그대 없는 음표처럼

온종일 한 생각에 빠져 빗소리에 잠기는

가시연꽃

뼛속 다 드러내고 연못에 누워 있는

여자의 슬픈 역사 바람이 감싸 안는다

아득한, 염천의 화엄경

배꼽에다 숨기고

꽃지 노을

한때, 나도
저처럼 붉은 적이 있었지

한 사람 아득함을 끝끝내 닦지 못해
뜨겁게, 발설해버린
그런 사랑 있었지

세상의 외로움이 견딜 수 없는 날에
혼자 급히 찾아와 반성하듯
서성이며

죽어도 잊을 수 없는
그 사람을 지운다

가을 엽서

내려놓고 바라보면
지는 꽃도 아름답다

애달팠던 내 사랑도
더께 앉은 과거도

눈 감고 되읽어보면
내 몸의 지문인 걸

당단풍 에스프레소

쓰린 내 과거는 몇 그램의 구름일까?

한 남자 훔쳐보며 가을을 넓게 펼쳐

복사뼈 따뜻하도록 뜨거운 물 붓는다

티눈 박인 사랑은 지울 수 없겠지만

날아온 햇살들이 조잘대는 오후 2시

단풍잎 황홀한 음표 지상으로 날리고

구석도 붉어지게 입맞춤한 짧은 시간

숨 깊이 들이마셔 반성하듯 토한 뒤

얼룩진 유리의 기억 말갛게 닦아낸다

팔공산 남천*

늦가을 변방에서 말라버린 단풍처럼

굴레를 벗지 못해 눈시울 붉어졌나?

하나 둘 웃자란 세월

잘근잘근 씹는다

함께 놀던 햇살들은 서둘러 귀가하고

짙어진 산그늘이 길 위에 내려앉으면

흘러온 구름 속으로

적막을 들여놓는

*매자나뭇과의 상록 관목.

봉곡동 억새

바람이 스친 곳에
함박눈 내려 쌓인다

칠흑 같은 골목처럼
외로웠던 원주민들

하얗게 솟구쳐 올라
굴뚝새 눈이 된다

티눈
- 맨발을 읽다

골목 안쪽

어스름이 토해낸 한숨 같은

가로등 뒤꿈치를 아무도 모르게 핥아

어둠의 정수리 위에

초승달로

떠오른

봉선화소금*

한 사람 간절함이 하늘에 가닿았나?

모진 풍파 속에서 피어난 봉선화여

가난한, 몸서리를 지워

세상 훤히 밝힌

*봉선화와 천일염으로 만든 소금.

| 작품해설 |

적막도 찬란한 적소의 시간들

최정란 | 시인

| 작품해설 |

적막도 찬란한 적소의 시간들

최정란 | 시인

1. 유배지, 탈주로의 아이러니

그리움의 대상이 자기 자신이라는 말을 단순히 나르시시즘으로 가둘 수 없다. 이 말은 일차적으로 자신도 모르게 빼앗긴 자기 자신을 회복하고자 하는 무의식적 희구이다. 가부장적인 사회구조 속에서 개인은 주체가 아닌 대상으로 타자화되는 경우가 비일비재하다. 타자는 실물이 아니라 그림자로 존재한다. 그림자는 빛과 사물이 만드는 허상이다. 스스로 빛도 아니고 스스로 실물도 아니다. 입이 지워지고, 막힌 귀가 실루엣으로 주어질 뿐이다. 사람이 그림자가 될 때, 그는 입체와 색으로

서의 자기 존재를 잃고 평면의 무채색이 된다.

　모든 존재는 자신의 주된 공간이 어디냐에 따라 정체성이 결정된다. 공간에 대한 주체성은 그 공간을 스스로 선택하는 능동성을 함유한다. 이 능동성은 단순한 공간의 주인 의식을 넘어 삶에 주인 의식을 부여한다. 그러나 그 공간을 자신이 정하지 못하게 될 때, 능동성을 박탈당하고 사동성 혹은 피동성의 자리에 놓인다. 관계 속에서 자신이 선택한 공간이 아니라 다른 주체가 일방적으로 정한 공간에 존재하게 된다. 남이 대신 선택한 자리에 놓이는 타자는 결정권이 없다. 타자는 단순한 공간만이 아니라 시간을 포함한 삶의 결정권을 잃게 된다.

　자신이 있고 싶은 욕망의 공간이 아니라, 자신이 있어야 하는 당위성의 공간에 머무는 시간이 길어지고 잦아질 때 좌절되는 욕망은 내면을 갉아먹는다. 전통사회에서 여성은 자신의 내면이 무엇을 원하는지, 자신이 어떤 사람인지 모른 채, 자신을 내려놓고 착한 여성으로 살기를 반복적으로 강요당한다. 무엇인지 모르지만 자신을 구성한 중요한 것이 모르는 사이 깎여나간다. 여성이라는 이유로 나면서부터 소외되고 타자화되기도 한다. 그 사이 주체의 몸통은 없어지고 입도 귀도 눈도 없는 착한 그림자만 남는다.

창조의 욕망을 가진 능동적 주체라면, 착한 그림자로 타자화되는 고통이 클 수밖에 없다. 여성 예술가의 경우 주체성을 찾는 일은 깎여나간 자존심 대신 본래의 자존감, 나아가 인간성을 회복하는 일이 된다. 그 과정에서 자신의 자아의 결핍과 상처를 발견하고 돌보는 과정이 요구된다. 박미소의 첫 시집은 주체의 자아를 찾아나서는 여정이자, 타자화된 자신으로부터의 탈주로 선상에 있다. 주체성을 찾는 방법 가운데 하나는 다른 주체가 정해준 당위성의 장소 대신 자신이 있고 싶은 장소로 떠나는 것이다. 밖으로의 간헐적 여행이 지속적 당위성의 자리의 압박을 덜어준다.

> 만 마리 물고기의 반짝이는 비늘 같은
> 동백나무 햇살로 그대를 떠올립니다
> 밀물과 썰물의 시간이 사무치는 4월에
>
> 너럭바위 깔고 누운 오래된 기억인 듯
> 고래의 형상으로 섬은 자꾸 깊어져
> 거뭇한 유배의 역사 말갛게 닦아내고
>
> 앵강만 해 그림자 둥실둥실 감아올린
> 팽나무 가지마다 떠 있는 봄의 한낮
> 눈감고 헤아립니다, 앙가슴 만집니다

적막이 집을 지은 그대 머문 자리에서
필사본 꿈의 행적 피워낸 풀꽃처럼
해배된 바람소리를 바다 위에 펼치며
　　　　- 「신만전춘별사 -남해에서 해를 품다」 전문

　시집 전반의 탈주로는 내륙이라는 공간을 벗어나 남해 바다로 향한다. 잠시 일상을 내려놓고 꿈의 세계로 들어간다. 지금 이곳을 말하기 위한 과거의 시간을 불러온다. 고려가요를 패러디한다. '신만전춘별사'는 사랑의 상열지사를 다루는 옛 텍스트, 만전춘별사와 혼성되며 사랑을 통한 탈주를 시도한다. 해도 품고 달도 품는다. '얼음 위에 댓닙 자리 보아' 영원한 사랑을 꿈꾸는 해방된 바다의 기쁨을 노래하는 이 탈주의 여정은 앵강만으로 연결되고, 노도에 닿는다. 조선과 고려라는 배경에서 사랑과 유배는 면면히 흘러와 현재로 녹아든다. 시인은 남해 "물그림자 둥글게 감아올린" 앵강만 파도를 노래하며(「노도」) "막배를 타고 마음은 섬으로 떠나고", "파도치는 바다를 어떻게 하지 못하고"(「남해, 2박의 첫날」) 유배에서 해방되는 해배의 날을 간절히 기다린다.

　서포 김만중의 유배지 노도는 패러디되며, 고독한 섬으로 자리하는 시인의 존재는 유배지의 서포와 동일선상에 놓인다. 노도는 해와 달을 품는 열린 공간, 시인은 바다에서 시간을 거슬러 올라가는 과거의 상상으로 잠시 자유를 얻은 것 같지만, 어떤 자유는 오히려 속박이고 유배임을 알게 하는 공간이다. 이 유배의 공간은 열린 공간인 동시에 닫힌 공간임을 발견하게 한다.

2. 유배지의 미완성 에로스

> 동짓달 기나긴 밤 한 허리를 버혀 내여/춘풍 이불 아래 서리서리 넣었다가/어론 님 오신 날 밤이어든 구비구비 펴리라(황진이)

> 묏버들 가지 꺾어 보내노라 님의 손에/자시는 창 밖에 심어두고 보소서/밤비에 새잎 곧 나거든 나인가도 여기소서(홍랑)

형식의 계승이 반드시 내용의 계승을 의미하지는 않지만, 형식의 계승은 정신의 계승을 일부 함의한다. 조선시대 여성 시조의 전통에서 사랑의 노래가 한 흐름을 이룬다. 황진이, 홍랑, 조선시대 여성시인에게 나타나는 사랑의 전통이 박미소의 시에도 이어져 내려온다.

한때, 나도
　저처럼 붉은 적이 있었지

한 사람 아득함을 끝끝내 닦지 못해
뜨겁게, 발설해버린
그런 사랑 있었지

세상의 외로움이 견딜 수 없는 날에
혼자 급히 찾아와 반성하듯
서성이며

죽어도 잊을 수 없는
그 사람을 지운다

- 「꽃지 노을」 전문

여자의
그리움은 부서지는 파도지만

몸속에 잠겨 있던 불면을 다 지우고

붉은 꿈
솟구쳐 올려

한 여자가
웃는다

- 「동해 일출」 전문

  여성 시조의 한 맥을 이어나가는 박미소의 시편들에서 두드러지는 서정은 사랑의 미완성이다. 이 미완성이 시를 쓰게 하는 힘 가운데 하나일 것이다. 박미소에게 사랑은 '그림자'와 '그리움'으로 남아 있다. 사랑 아니면 또 무엇이 오롯이 순정하게 한 세월 몰입하게 하겠는가.

    눈 뜨면 안 보이고 눈 감으면
    드러나는

    다랭이마을 펜션에서 구운몽의 여자들을 읽습니다. 창 밖에는 여우비가 내리고 나는 문득 천년 묵은 한 마리 여우가 되어 동백꽃처럼 혼자 몰래 붉어졌습니다 몸속 깊이 숨겨놓은 긴 꼬리가 간지러움을 견디지 못해 다랭이 마을 지겟길을 아무도 몰래 친친 휘감았습니다

    바다가, 구운몽의 저녁을
    파도 위에 펼칠 때

                             - 「구운몽의 남쪽」 전문

「구운몽의 남쪽」은 특히 감각적이다. 중장이 길어진 이 사설시조에서 시의 화자는 "천년 묵은 여우가 되어 동백꽃처럼 혼자 몰래 붉어진다". 이 사랑은 혼자 하는 사랑이고 몰래 하는 사랑이다. 상상을 통한 변신의 이미지가 내면에서 뻗어 오르는 생명성의 에로티시즘을 생생한 감각으로 그려낸다.

3. 데메테르의 꽃밭, 꽃으로 피어나는 자아

물살을 어루만져 어둠을 풀어헤쳐

하얗게 새긴 언약 황포 돛에 띄워놓고

칠백 리 음절을 휘감아

한 없이 너울거리는

- 「회상나루 풀꽃」 전문

박미소의 시집에서 이상적 시적 자아는 꽃으로 나타난다. 시적 자아의 은유인 꽃은 대지의 여신 '데메테르'의 현현이다. 풀꽃은 물살을 어루만지고 어둠을 풀어헤치며 하얗게 새긴 언약이며 칠백 리 낙동강을 한 없이 너울거리는 크나큰 손길이 된다. 액체성으로 출렁거리는 칠백 리 강은 대지의 또 다른 뿌리 일 것이다.

시인은 '자기 자신'에게서 꽃을 피우는 대지의 여신 '데메테르'를 찾아간다. 근본적으로 허무와 결핍의 구멍은 외부에서 채워질 수 없는 것이라는 것을 알게 된다. 그러나 대지의 여신이 땅에 뿌리박고 있는 식물을 자아의 메타포로 받아들이는 시적 자아의 공간은 진정한 자신의 욕망의 공간이 아니라 당위성의 공간으로 고정된다. 한 자리에 고착된 꽃에게 다가오는 것들은 비록 사랑의 가면을 쓴다고 해도 바람처럼 속도와 힘의 성격을 가지고 있다. 스치거나 꺾거나 밟거나 후려치는 힘으로 작용하므로 꽃은 일방적으로 상처받는다. 나비조차 제 날개의 무게를 꽃에 얹어서 보이지 않는 상처를 꽃잎에 내고 꿀을 가져간다. 꽃 피는 일의 고통 또한 만만치가 않다. 피어서 질 때까지 기쁨과 아름다움으로 환한 꽃의 얼굴을 세상에 보여주는 동안, 꽃은 상처받고, 취하고, 발설해서는 안 되는 비밀과 사무치는 상처를 끌어안는다.

'데메테르는 "말갛게 어둠을 헹궈" 노랑꽃 창포로 피어나고'(「노랑꽃창포」), 꽃 양귀비의 몸을 통해 상처와 딱지와 약속과 물집을 거쳐 "살아야 할 이유를 다시금 증명"(「꽃양귀비」)하며 황홀하게 피어난다. 배꽃은 '사무치고'(「배꽃 앞에서」) 상처를 씻어낸다. "함부로 발설하면 절대로 만날 수 없어/오늘 또 두 눈을 감고/밤꽃 향에 취한다"(「먼, 길」). 가시연꽃은 "뼛속 다 드러내고" "염천의 화엄경 배꼽에 숨기며"(「가시연꽃」), "흐르는 물소리가 모서리를 깎는 하루"에는 "은은한 풀꽃"(「엄마의 봄」)이 피어나고, "사는 게 아득한 꿈이라 몰래몰래 핀다"(「박꽃」). "우우우, 날아온 참새 떼/구절초"가 된다(「경주 낭산 마애 삼존불」). 망초꽃은 "아무리 애를 쓰도 못 건널 세상 있어/하얗게 쪼그려 앉아 울

먹이는 그림자"가 되고, "남몰래 찢고 찢은 슬픔"(「망초꽃 사설」)이 된다. 꽃으로서의 임무를 다한 요양원 할머니는 "낮달이 된 꽃"(「소망요양원」)으로 존재하기도 한다.

　미완성 사랑의 슬픔은 꽃으로 피어난다. "여름이 다 가기 전에" "다시 또 그립다는 말 전하고 싶"어(「상사화 연서」) 이루지 못한 사랑, 만나지 못하는 사랑으로 상사화가 피어나기도 한다. "몸 가려운 오월엔/물고기 비늘을 달고" 이팝꽃이 반짝이며 피기도 하고(「이팝꽃 일기」), "비켜 앉아 각인된 어둠을 다 문질러서//돋아난 내 그림자가//별이 되"기도 한다(「찔레꽃 25시」). "사랑도/더께 앉은 과거도//눈 감고 되읽어보면/내 몸의 지문"이 되어, "내려놓고 바라보면 지는 꽃도 아름"다움이 되기도 한다(「가을 엽서」). 당신을 생각할 때//보리순 춤사위를 닮은/슬픈 내가 보였다"(중략) 한 번도 꽃이 되지 못한/내가 너무 슬펐다(「아포읍에서 서성이다」 부분). 그러나 이 많은 꽃들을 그리면서 시의 화자는 자신이 "한 번도 꽃이 되지 못" 했다고 토로한다. 대신 "보리순 춤사위"를 닮았다고 슬퍼하며, 자신이 생각하는 이상적 자아에 도달하지 못하고 있음을 내보인다. "끝물에/피는 꽃이/너무도 서러워서"(「중년」) "끝물이 피는 꽃을 감감히 바라보며"(중략) "눈부신 햇살의 길 위에"

(「두편 가을 - 뮤즈처럼」) 자신을 숨기기도 한다. 자신은 꽃조차 피지 않다가, 이윽고 간신히, 아주 늦게 피었다고 토로한다. 끝물에 꽃이 피기는 피지만 너무 늦었다는 생각에 서럽다.

전통을 수호하는 가부장제 사회에서 여성은 어쩔 수 없이 자신에게 불리한 수직구조를 내면화하게 된다. "남자들이 갉아먹은/시간 속에 오래 갇혀"(「공릉동 라일락」) 외롭게 꽃을 피워야하는 구조는 이해할 수 없는 틀로 과거의 시간 속에 육체와 마음과 정신을 가두기도 한다. 그러므로 지금-이곳을 사는 예술가에게 이 이 견고한 보호의 형식 그 자체가 때로는 결핍이 되고 유배가 된다. 그 안에서 자기를 찾는 일은 요원하다. 여전히 버들강아지 하늘대는 봄날에 "어둠이 씌운 굴레를"(「입춘과 우수 사이」) 걷어내야 하고. 제주의 오름을 오르며 "바람의 시편들이 밤새워 솟구쳐 올린/불면 깊은 구렁을 온몸으로 부둥켜 안"아야 한다(「엉겅퀴 詩人을 만나다 - 다랑쉬오름에서」). 그러나 그 형식을 극복하는 길 역시 바깥이 아니라 그 내부에 있음을 시인은 깨닫는다.

시편들은 이처럼 바다의 공간에서 만화방창 꽃들의 공간으로 이동한다. 그러나 꽃밭이라고 해서 자아가 실현되는 장소는 아니다. 꽃들이 피고 지는 모든 순간은 다양한 삶의 고통을 견디고 참는 적소의 시간들이다. 자신의 자아를 찾기 위한 나르시시즘적 시도는 자신이라는 거울에서 결국 예술가의 자리를 찾게 된다. 이 과정에서 시적 자아의 탈주의 방향이 전환점을 맞는다. 밖이 아닌 안으로의 탈주가 역설적으로 이루어진다.

4. 자신을 바라보는 거울

 섬과 바다에는 익사의 이미지가 출렁거린다. 거대한 물 앞에서 사랑은 실패한다. 유배지 노도에서 쓰여진 서포 김만중의 구운몽에서 성진의 팔선녀와의 사랑은 깨어나 보면 한갓 꿈이다. 그리스 신화와 셰익스피어에서 나르시스와 오필리아는 익사함으로써 사랑에 실패한다.
 그 실패를 통해 영원히 살아남는 불멸의 캐릭터가 된다.

 나르시스는 거울-연못에 자신을 비춰본다. 그러나 연못에 비친 자신의 모습에 반해 사랑의 열병을 앓고 자기를 향해 익사하고 만다. 물이 거울이 되는 것을 모른다. 물에 비친 얼굴이 자신의 얼굴이라는 것을 모른다. 자신을 발견하는데 실패한다. 자신을 타인으로 오해하고 사랑의 대상으로 삼는다. 자신의 발견에 실패하고 자신을 사랑의 대상으로 삼음으로써 죽음에 이른다. 무지는 자신을 익사시킨다.

햄릿에게 버림받은 '오필리아'(「옥산, 수선화」)는 익사한다. 타인을 사랑한 결과 역시 죽음의 위험이 함께한다. 자신과의 거리를 유지하지 못하는 무지한 자기애가 죽음을 부르듯, 타인과의 사랑의 거리 또한 적절하지 않으면 죽음을 부른다.

그러나 꽃밭에서 다양한 상처덩어리가 꽃이 되는 경험을 하는 시인은 외부의 사랑의 그림자 때문에 익사하지도 않고, 자신과의 사랑의 거리를 유지하지 못해서 익사하지도 않는다. 건강하게 나르시스와 오필리아와 결별한다. 동시에 자신을 들여다보는 거울이 굳이 물일 필요가 없어진다.

그 깨달음은 비익조를 불러온다. 비익조는 날개가 한쪽만 있어. 두 날개가 함께 있어야만 온전한 새로 완성된다. 이 과정에서 시인은 자신을 불완전한 반쪽으로 여기며 다른 반쪽을 찾아내기를 그러나간다. 비익조의 자신을 찾는 시도는 "나는 또 나를 되삼켜/그대 찾아 헤맨다"에서 자신을 분리 시켜서 되새김질 하듯 자신 안에 든 사랑의 대상으로서의 그대를 찾아 헤매게 한다(「비익조」).

 비익조 역시 근본적으로 자기완성을 희구하는 자기애의 이미지가 된다. 또한 계속해서 자기를 뒤적이며, "댓잎 속살 향기를 입 안 가득 머금고/말의 흔적 더듬는다, 내 몸을 뒤적거려/돌 속에 새겨놓은 달빛/그 언약 떠올리며//목울대 휘감아서 숨이 턱턱 막혔던/만 개의 물음표가 토해낸 구름"(「경주 낭산 마애삼존불」)을 그려낸다. 그럼에도 불구하고 자아를 찾는 여정은 계속 된다.

 밖으로 나가 사랑을 꿈꾸지만 외부에서 만나는 대상들은 '그림자'와 '그리움'만 남긴다. 밖을 향하던 시인의 자아는 자기에게로 돌아온다. 상처 입은 자아는 스스로를 들여다 본 적 없고, 자신이 진짜 원하는 것이 무엇인지 모른 채 살아온 시간을 돌아본다. "나도 날 보고 싶어"(「두 편 가을 - 뮤즈에게」) "바람에 두 눈이 멀"도록 자신을 들여다보고, "저녁이 붉어지도록 나는 나를 애무한다"(「만추산행」). 자신을 직시하고 자신의 욕망을 인정하고 자신을 긍정한다. "너럭바위 가슴팍에 새겨진 빗살무늬/눈감고 헤아리면서 내 모습 더듬는다". "오래된 그리움들이 그림자 닦는" 거울에는 "물속 깊이 잠겨 있는" 시간이 밀려온다(「수묵을 담채하다」). 이 거울들은 스스로를 익사시키는 두려움의 거울이고 무지의 거울이다. 그러나 그림자를 닦아낼 때 자신을 비춰보는 지혜의 거울이 된다.

 이 과정은 나르시시즘을 통과하지만 나르시시즘의 자기애에 함몰되지 않는다. 많은 꽃들이 거울이며 세상에 존재하는 모든 것들이 시적 자아의 거울이 된다. 무엇보다 자기 자신을 거울로 삼아 자신을 비춰보게 된다. 거울아, 거울아, 이 세상에서 누가 가장 아프냐?

5. 또 다른 탈주로, 자기 자신

또 다른 내 모습이 내 안에 존재하듯
낮에는 길쭉하게 밤이면 짤막하게
빛 따라 형체를 바꿔 공간을 넓혀간다

눈에 보이는 것만 전부가 아니라 해도
헛것만 쪼아 먹는 그림자 생을 지워
떠도는 바람 소리를 읽고 쓰고 저장하고

계절이 바뀔 때면 고요하게 돌아앉아
달 없는 그믐에도 뭇별을 헤아려서
온몸에 심지를 박아 사랑을 떠올린다

스산하게 저무는 세상 끝 바라보다가
몸이 아득한 만큼 깊어지는 눈빛으로

먹먹한 한 자락 꿈을 이마에다 내거는
- 「가을 첨성대」 전문

   시의 자아는 밤하늘에서 별을 찾듯 자신의 내부에서 그대를 찾아 헤맨다. 그 과정에서, 또 다른 내 모습이 내 안에 존재하는 것을 알게 되어 존재의 지평을 넓히며, 자신에 대한 사랑을 회복하는 과정에 돌입한다. '만 개의 물음표'는 세상에 대한 호기심과 존재에 대한 질문일 것이다. 이 물음표는 '느낌표'를 향한다.

부서진 하얀 파도 솔숲이 될 때까지

푸른 적막 복사뼈 바다가 될 때까지

이 세상 검은 입속을

가만히 들여다본다

어둠을 털어내고 떠오른 심장이므로

가슴이 가볍도록 드러낸 마음이므로

한밤중 달무리 속에

내 모습이 보인다
- 「감포에서 바라본 달」 전문

자아, 진정한 내면의 건강한 나를 찾는 여정은 유배지와 꽃밭을 거쳐서 달의 세계에서 눈이 밝아진다. 달은 여성성이므로 자신의 존재를 여성에서 다시 출발하는 것이다. 달 없는 그믐 역시 달의 밤이다. 별을 관측하는 하늘에 빛나는 "한 자락 꿈을 이마에 내건다". "헛것만 쪼아 먹는 그림자 생을 지워" 마침내 자신의 자아를 발견한다. "한밤중 달무리 속에 내 모습이 보인다". 자아는 외부의 남자, '그대'가 채워주는 것이 아니다. 스스로를 사랑하고 꿈을 이루는 과정에서 누더기처럼 덧입고 있던 안개가 걷히면서 스스로 거기 있는 것이 보이기 시작하는 것이다. 그것을 사람들은 '자아실현'이라고 말하기도 한다.

6. 자발적 유배의 오디세이

　　발 디딘 곳곳마다
　　적소 아닌 곳 있었던가?

　　피었다 지는 꽃들 다 그만한 이유 있어
　　혼자서 바라보는 바다 아련하고 느껍다

　　먼 길을 휘어감아 섬 안에서 바라본 섬
　　끝없이 자박이다 부서지는 파도 소리에
　　안고 온 세상의 욕망

벼랑 끝에 세우고

밤이 깊어갈수록 숨소리 더 크게 들려
구름 속으로 사라진 한 사람 떠올리며

없는 듯, 방파제에 앉아
묵시록을 읽는다
- 「서포의 달을 만나다」 전문

노도는 탈주의 대척점으로 기능하는 유배의 지점이다. 이 아이러니는 밖으로의 탈주로가 오히려 유배지에 닿는 역설에 도달한다. 또한 시인이 찾아가는 장소가 탈주로가 아니며 유배지라는 것을 확고하게 만들어, 탈주의 욕망을 굳건하게 강화시키는 역설이 된다. "발 디딘 곳곳마다 적소 아닌 곳이 있었던가". 이 깨달음은 삶이 속박의 장소, 고통의 장소로 이루어짐을 확인한다. 동시에 자신이 원래 속한 곳, 떠나온 곳을 재발견하게 한다.

탈색된 꿈 하나를 가볍게 벗어버리고
거울 속에 숨겨둔 얼굴을 살펴본다
골목이 돌아누워서 웅성대는 늦은 밤

하늘의 북극성은 저토록 반짝이지만
긴 꼬리 뒤집어쓴 구미호 형상처럼
도시는 어둠에 잠겨 유배지로 변하고

벼랑 끝 애무하듯 듬성듬성 걸어가는
가로등 저 불빛은 누구의 사랑인가
한 줄기 낯선 바람이 목덜미를 훑는다

지하도 빠져나와 횡단보도 급히 건너
잊고 산 사람들을 달처럼 떠올리며
아파트 현관문 열고 그러안는 섬이여
- 「크로키 -섬으로 퇴근하는 여자」 전문

아이러니하게도 탈주로는 밖이 아니라 안으로 뻗어 있다. 탈주의 과정의 역설은 밖이 결국 안이 되고, 안이 결국 밖이 된다는 것이다. 시선과 마음은 밖에 있으면 안을 향하고, 안에 있으면 밖을 향한다.

시인은 도시의 아파트로 퇴근하면서 섬으로 퇴근한다고 말한다. 빠르게 속사하며 그려내는 3인칭 그 여자에게는 탈색된 꿈이 있고, 거울 속에 숨겨둔 진짜 얼굴이 있다. 도시의 삶은 위태로워서 성큼성큼 걷는 가로등불이 켜진 퇴근길 거리가 벼랑길 같다. 위태로운 벼랑길이 뻗어있는 밤의 도시에서 시인의 다른 페르소나인 그 여자는 서둘러 자신의 아파트, 섬으로 돌아간다.

박미소의 탈주의 여정은 바다와 섬으로 나가다가, 꽃밭으로 펼쳐지고, 다시 섬으로 돌아온다. 이 여정에서 아름다운 시편의 리좀 덩어리들 알이 굵었다. 앞의 섬이 노도라는 물리적으로 닫힌 유배지라면 뒤의 섬은 자신의 현실적 삶의 공간 아파트이다. 이 섬은 자신의 자발적 선택으로 돌아가는 열린 유배지이다. 즉 자아와 욕망을 실현하기 위해서 스스로를 유배하는 창조의 공간이 된다.

스스로의 공간인 아파트를 섬으로 여기고 저녁이면 기꺼이 탈주하듯 돌아가는 이 섬이야 말로 유배지인 동시에 여성이 스스로를 돌아보며 자아를 건강하게 키워 나가는 동굴이 된다. 스스로를 가두는 유배의 적소가 가장 찬란한 창조의 공간이 되는 것이다. 시의 화자가 찾는 것은 실은 밖이 아니라 안에 있다. 바다로 꽃밭으로 찾아 헤매었으나 결국 파랑새는 집안에 있다. 치르치르와 미치르가 찾아 헤매던 파랑새처럼.

스스로 고독을 찾아가는 단독자 시인의 책상이 놓인 섬이야말로 가장 치열하고 아름다운 탈주로일 것이다. 시의 자리는 환호와 상찬의 암소가 아니라 철저한 고독의 성소이기 때문이다. 섬은 사람들에게 나아갔던 자신을 추슬러 자기에게로 물러나오는 자리이고, 세계로부터 이탈된 자리이고 추방된 자리이고 자신을 들여다보는 거울이 자리이다. 섬이라는 유배지는 스스로 자신 안으로 물러나는 자리이지만, 자발적 유배가 없다면 시도 없을 것이다. 모든 곳이 적소라면, 이 적소야 말로 삶을 거름으로 피우는 시의 진정한 꽃밭 일 것이다. 역설적으로 시인이 탈주로에서 머물렀던 리좀, 꽃들 가득한 모든 꽃밭이 갖가지 위험과 매혹과 유혹 출렁대는 생의 바다이듯이.

이 시집의 구조는 트로이 전쟁을 치르기 위해 집을 떠난 오디세우스가 전쟁이 끝난 후 다시 집을 찾아 돌아오는 동안 겪는 모험의 여정과 구조가 유비된다. 박미소의 시집에서 꽃 피는 모든 리좀의 공간이 어쩌면 시인의 자아가 맞닥뜨려야 했던 칼립소와 세이렌의 유혹의 자리였을 것이다. 그 모든 위험과 유혹의 과정을 통과한 예술가의 자아를 찾아가는 오디세이처럼.

밖을 향하며 넓이를 지향하던 시인의 세계가 내부를 향하며 더욱 깊어지기를 기대한다. 시인이 과거의 형식을 내면화하되 현재와 미래 안에서 자유롭기 바란다. 구조와 세계를 이어나가는 착한 그림자를 넘어, 자기 목소리를 선명하게 내고 새로운 세계를 창조하는 낯선 예술가로 자리매김하기 바란다. 시조라는 아름다운 장르의 '오래된 미래'가 박미소와 더불어 활짝 꽃피기 바란다.